**LEE**

CON LETRA MAYÚSCULA, CURSIVA Y DE IMPRENTA

MANZANA

manzana

manzana

CINTURÓN

cinturón

cinturón

ZAPATO

zapato

zapato

CEREZA

cereza

cereza

AZÚCAR

azúcar

azúcar

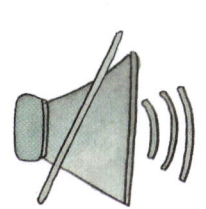

SILENCIO

silencio

silencio

TRISÍLABOS 5

 # MEMORIZA

SI PUEDES, BUSCA UNA PAREJA CON LA QUE JUGAR

MEMORIZA EL ORDEN DE LOS DIBUJOS

MEMORIZA EL ORDEN DE LAS PALABRAS

AZÚCAR   MANZANA   ZAPATO

CIERRA LOS OJOS Y DIBUJA CON EL DEDO LA PALABRA

AZÚCAR

CIERRA LOS OJOS Y DELETREA LA PALABRA

CINTURÓN

CIERRA LOS OJOS Y DELETREA AL REVÉS LA PALABRA

SILENCIO

PINTA

LAS LETRAS QUE **NO** FORMAN PARTE
DE LAS PALABRAS Y ORDÉNALAS

 | A | N | T | Z | A | U | A | M | N |

 | N | U | Ó | I | J | C | R | N | T |

 | P | H | A | A | Z | R | O | Z | T |

 | E | O | A | R | C | P | Z | N | E |

 | C | S | Z | A | P | F | R | Ú | A |

 | I | E | I | W | O | N | L | S | C |

 LEE

Y MARCA LA PALABRA CORRECTA

MANZANA

ZAMORA

MANAZA

PRINCESA

CINTURÓN

CINESAP

PATOZA

ZAPATO

TOPATO

SEREZA

CEREZA

CERECA

AZÚCAR

ASÚCAR

CAZÚAR

SILENCIO

SILENSIO

CILENCIO

¡ENCUENTRA A LAS INTRUSAS!

MARCA LAS PALABRAS QUE **NO** QUIERAN DECIR NADA

ZAPATO

azúcar

cilencio

PATOZA

topato

manzana

cereca

CEREZA

cenesap

SILENCIO

cazúar

cilencio

topato

COMPLETA

CON LAS LETRAS QUE FALTAN

__ERE__A   __AN__ANA   ZA__A__O

CIN__URÓ__   __ILEN__IO   AZ__C__R

COPIA

LA PALABRA ENTERA

MANZANA _____   *manzana* _____

CINTURÓN _____   *cinturón* _____

ZAPATO _____   *zapato* _____

CEREZA _____   *cereza* _____

AZÚCAR _____   *azúcar* _____

SILENCIO _____   *silencio* _____

SILABEA

ESTAS PALABRAS TIENEN TRES SÍLABAS, SEPÁRALAS

ZAPATO		
ZA	PA	TO

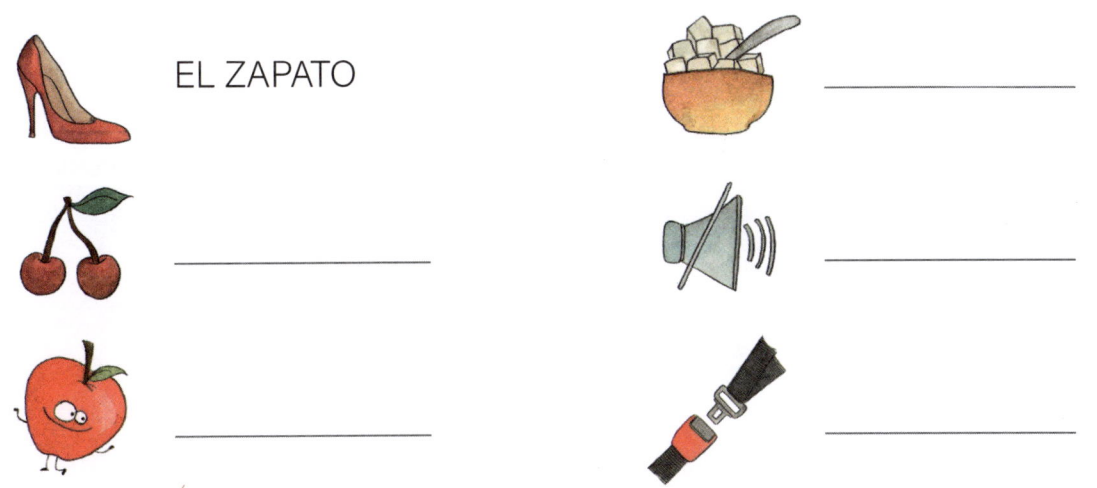

ESCRIBE

LA PALABRA ENTERA Y EL ARTÍCULO (el, la, los, las)

EL ZAPATO

_____

_____

_____

_____

_____

COPIA Y DIBUJA
LA PALABRA ENTERA

LA MANZANA

EL CINTURÓN

_____

_____

EL ZAPATO

LA CEREZA

_____

_____

EL AZÚCAR

EL SILENCIO

_____

_____

✔ LEE Y CONTESTA SÍ O NO ✗

ES UNA MANZANA

ES UNA CEREZA

ES UNA MANZANA

ES UN CINTURÓN

ES UN CINTURÓN

ES UNA MANZANA

 RODEA LA RESPUESTA

¿CUÁNTAS FRASES ESTABAN MAL?

1   2   3   4   5   6

LAS FRASES SE HAN HECHO UN LÍO

ORDÉNALAS Y CÓPIALAS

| EL | ES | CINTURÓN | MÍO. |

_____

| NUEVO. | ES | ZAPATO | EL |

_____

| ES | LA | ROJA. | MANZANA |

_____

| LA | TIENE | CEREZA | HUESO. |

_____

| LLEVA | PASTEL | EL | AZÚCAR. |

_____

COMPRENSIÓN LECTORA

MI FRUTA PREFERIDA ES LA MANZANA.

Mi fruta preferida es la manzana.

¿CUÁL ES TU FRUTA PREFERIDA?_____

HOY ESTRENO ESTOS ZAPATOS.

Hoy estreno estos zapatos.

¿QUÉ ESTRENAS HOY?_____

EL PASTEL LLEVA AZÚCAR.

El pastel lleva azúcar.

¿QUÉ LLEVA EL PASTEL?_____

RESUELVE LA SOPA DE LETRAS

Encuentra las 6 palabras escondidas

S	I	L	E	N	C	I	O	L	I	C
S	I	L	T	N	B	I	O	L	P	E
U	A	Z	Ú	C	A	R	B	O	L	R
T	V	B	A	V	Y	M	L	Z	I	E
M	A	N	Z	A	N	A	C	A	A	Z
Y	N	J	D	Y	G	O	I	U	Z	A
D	Y	Z	K	Z	T	P	A	N	O	J
B	I	L	K	A	T	E	O	D	Y	W
C	A	R	P	B	A	Y	Y	Y	A	L	W
T	N	A	N	Ó	R	U	T	N	I	C
X	Z	L	Y	S	R	T	X	I	Y	N

 # LEE

CON LETRA MAYÚSCULA, CURSIVA Y DE IMPRENTA

BILLETE

billete

billete

HELADO

helado

helado

SALUDO

saludo

saludo

VESTIDO

vestido

vestido

TENEDOR

tenedor

tenedor

LIBRETA

libreta

libreta

 TRISÍLABOS 6

PARTE 1   PARTE 2

13

 # MEMORIZA

SI PUEDES, BUSCA UNA PAREJA CON LA QUE JUGAR

MEMORIZA EL ORDEN DE LOS DIBUJOS

MEMORIZA EL ORDEN DE LAS PALABRAS

LIBRETA   BILLETE   SALUDO

CIERRA LOS OJOS Y DIBUJA CON EL DEDO LA PALABRA

BILLETE

CIERRA LOS OJOS Y DELETREA LA PALABRA

SALUDO

CIERRA LOS OJOS Y DELETREA AL REVÉS LA PALABRA

HELADO

PINTA

LAS LETRAS QUE **NO** FORMAN PARTE
DE LAS PALABRAS Y ORDÉNALAS

   L E F T I G L B E

_____

 A G O E J H D P L

_____

 L I E O A U N S D

_____

 O E D T N I V B S

_____

 T K D M R N E O E

_____

 I A S E B L U R T

_____

 # LEE

Y MARCA LA PALABRA CORRECTA

TOBILLO

BILLETE

VILLETE

HELADO

ELADO

HELENA

SALADO

DOSALU

SALUDO

SALUDO

DOTIVES

VESTIDO

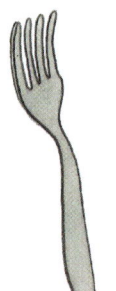

CUCHARA

TENEDOR

CUCHILLO

LIBRETA

LIMÓN

CINESAP

¡ENCUENTRA A LAS INTRUSAS!

✓ MARCA LAS PALABRAS QUE **NO** QUIERAN DECIR NADA

TIBELLO

helado

villete

BILLETE

elado

saloda

lomín

halode

DOTIVES

dosalu

saludo

VESTIDO

tonedor

COMPLETA

CON LAS LETRAS QUE FALTAN

__ILLET___   S__LUD___   __ENE__OR

H__L__DO   VE__TI__O   LI__RET___

COPIA

LA PALABRA ENTERA

BILLETE _____ *billete* _____

HELADO _____ *helado* _____

SALUDO _____ *saludo* _____

VESTIDO _____ *vestido* _____

TENEDOR _____ *tenedor* _____

LIBRETA _____ *libreta* _____

 # SILABEA

ESTAS PALABRAS TIENEN TRES SÍLABAS, SEPÁRALAS

LIBRETA		
LI	BRE	TA

 ESCRIBE

LA PALABRA ENTERA Y EL ARTÍCULO (el, la, los, las)

LA LIBRETA

_____

_____

_____

_____

_____

COPIA Y DIBUJA
LA PALABRA ENTERA

EL BILLETE

_____

EL HELADO

_____

EL SALUDO

_____

EL VESTIDO

_____

EL TENEDOR

_____

LA LIBRETA

_____

✔ LEE Y CONTESTA SÍ O NO ✘

ES UNA LIBRETA ☐

ES UN TENEDOR ☐

ES UN HELADO ☐

ES UN TENEDOR ☐

ES UN SALUDO ☐

ES UNA LIBRETA ☐

 RODEA LA RESPUESTA

¿CUÁNTAS FRASES ESTABAN MAL?

1 2 3 4 5 6

LAS FRASES SE HAN HECHO UN LÍO

ORDÉNALAS Y CÓPIALAS

ESTÁ	EL	ROTO.	BILLETE

_____

FRÍO.	ESTÁ	EL	HELADO

_____

PAPEL.	LIBRETA	TIENE	LA

_____

PASAS	¿ME	EL	TENEDOR?

_____

BONITO.	VESTIDO	ES	EL

_____

COMPRENSIÓN LECTORA

ESE NIÑO NOS SALUDA.

Ese niño nos saluda.

¿QUÉ HACE EL NIÑO?_____

EL VESTIDO TE QUEDA GENIAL.

El vestido te queda genial.

¿QUÉ PRENDA DE VESTIR ME QUEDA GENIAL?_____

USA EL TENEDOR PARA COMER MACARRONES.

Usa el tenedor para comer macarrones.

¿QUÉ USA PARA COMER MACARRONES?_____

RESUELVE LA SOPA DE LETRAS

Encuentra las 6 palabras escondidas

B	I	L	L	E	T	E	Z	J	A	A
P	L	I	B	R	E	T	A	D	S	H
F	H	L	G	U	H	B	P	U	H	O
C	N	W	G	A	S	J	G	E	F	T
V	E	S	T	I	D	O	T	E	V	Y
Y	S	B	S	D	L	L	W	P	K	J
I	Y	B	K	Q	U	W	L	N	E	Y
U	U	U	H	E	L	A	D	O	A	A
J	A	O	T	E	N	E	D	O	R	W
K	J	S	F	B	E	B	Q	A	I	H
J	S	A	L	U	D	O	A	S	R	T

 # LEE

CON LETRA MAYÚSCULA, CURSIVA Y DE IMPRENTA

MALETA

maleta

maleta

MONEDA

moneda

moneda

CAMPANA

campana

campana

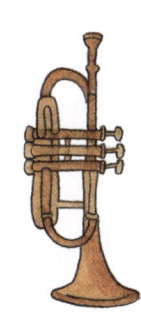

TROMPETA

trompeta

trompeta

LAVABO

lavabo

lavabo

OVEJA

oveja

oveja

 TRISÍLABOS 7

PARTE 1   PARTE 2

 # MEMORIZA

SI PUEDES, BUSCA UNA PAREJA CON LA QUE JUGAR

MEMORIZA EL ORDEN DE LOS DIBUJOS

MEMORIZA EL ORDEN DE LAS PALABRAS

OVEJA   LAVABO   CAMPANA

CIERRA LOS OJOS Y DIBUJA CON EL DEDO LA PALABRA

TROMPETA

CIERRA LOS OJOS Y DELETREA LA PALABRA

OVEJA

CIERRA LOS OJOS Y DELETREA AL REVÉS LA PALABRA

LAVABO

PINTA

LAS LETRAS QUE **NO** FORMAN PARTE
DE LAS PALABRAS Y ORDÉNALAS

| T | P | R | F | E | A | O | T | M |

_____

| A | L | T | S | M | Y | E | N | A |

_____

| A | C | P | A | K | M | Ñ | A | N |

_____

| V | K | H | E | G | J | O | B | A |

_____

| A | C | L | O | R | V | B | S | A |

_____

| E | P | D | O | B | M | A | V | N |

_____

27

 # LEE

Y MARCA LA PALABRA CORRECTA

MALETA

MOQUETA

MONEDA

MACETA

MONEDA

MALETA

CMPNA

CAMPAN

CAMPANA

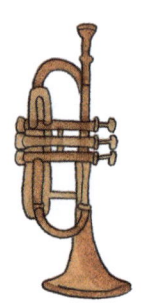

TROMPETA

CANTANTE

TOMATE

LAVABO

LABABO

LAVAVO

OVEJA

OREJA

ABEJA

¡ENCUENTRA A LAS INTRUSAS!

MARCA LAS PALABRAS QUE NO QUIERAN DECIR NADA

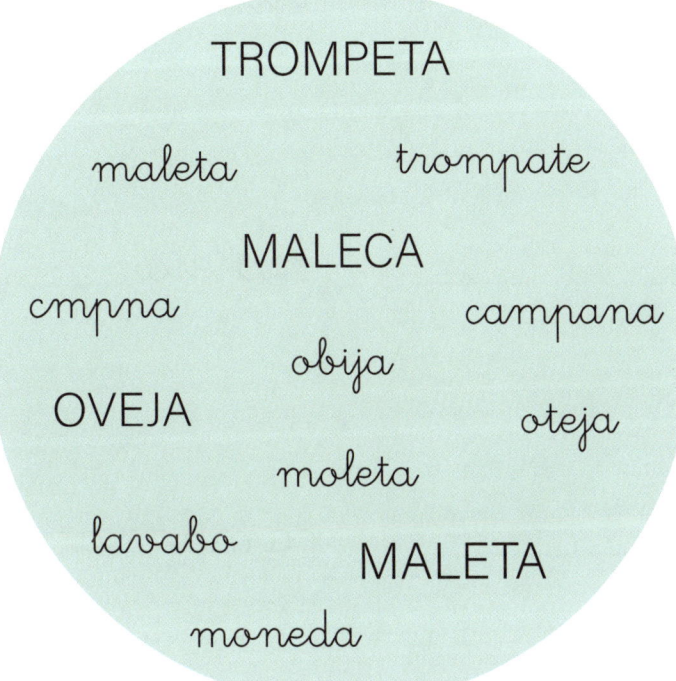

TROMPETA

maleta

trompate

MALECA

cmpna

campana

obija

OVEJA

oteja

moleta

lavabo

MALETA

moneda

COMPLETA

CON LAS LETRAS QUE FALTAN

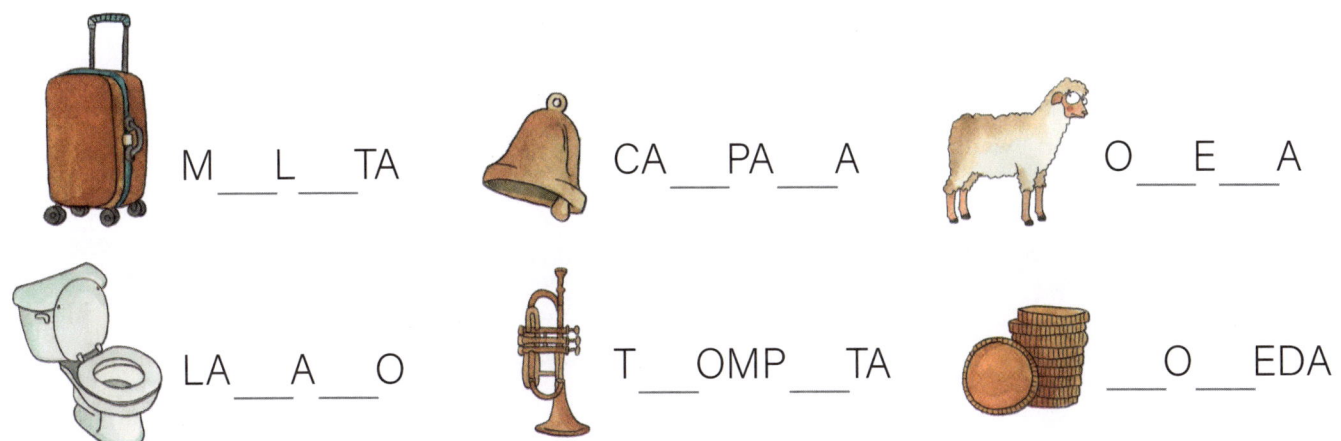

M__L__TA   CA__PA__A   O__E__A

LA__A__O   T__OMP__TA   __O__EDA

29

COPIA

LA PALABRA ENTERA

TROMPETA _____   trompeta _____

MALETA _____   maleta _____

CAMPANA _____   campana _____

OVEJA _____   oveja _____

LAVABO _____   lavabo _____

MONEDA _____   moneda _____

 # SILABEA

ESTAS PALABRAS TIENEN TRES SÍLABAS, SEPÁRALAS

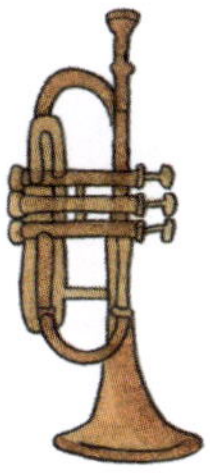

TROMPETA		
TROM	PE	TA

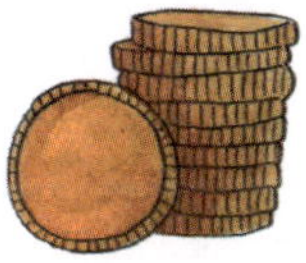

 ## ESCRIBE

LA PALABRA ENTERA Y EL ARTÍCULO (el, la, los, las)

LA TROMPETA

_____

_____

_____

_____

_____

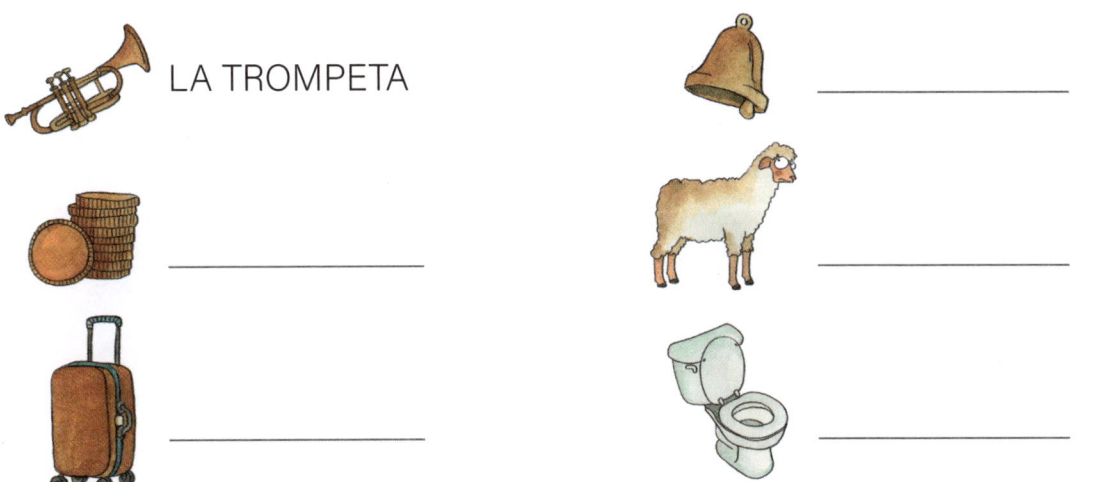

COPIA Y DIBUJA
LA PALABRA ENTERA

LA TROMPETA

_____

LA MALETA

_____

LA CAMPANA

_____

LA OVEJA

_____

EL LAVABO

_____

LA MONEDA

_____

✔ LEE Y CONTESTA SÍ O NO ✗

ES UNA MONEDA ☐

ES UNA OVEJA ☐

ES UNA MONEDA ☐

ES UN LAVABO ☐

ES UNA TROMPETA ☐

ES UNA MALETA ☐

 RODEA LA RESPUESTA

¿CUÁNTAS FRASES ESTABAN MAL?

1   2   3   4   5   6

LAS FRASES SE HAN HECHO UN LÍO

ORDÉNALAS Y CÓPIALAS

LA	LANA.	OVEJA	HACE

_____

OCUPADO.	ESTÁ	EL	LAVABO

_____

MALETA	LA	ESTÁ	LLENA.

_____

MÚSICA.	TROMPETA	HACE	LA

_____

BRILLA	LA	MUCHO.	MONEDA

_____

# COMPRENSIÓN LECTORA

GUARDO LA ROPA EN LA MALETA.

Guardo la ropa en la maleta.

¿DÓNDE GUARDAS LA ROPA?_____

LA TROMPETA ES UN INSTRUMENTO DE VIENTO.

La trompeta es un instrumento de viento.

¿QUÉ INSTRUMENTO ES DE VIENTO?_____

LA CAMPANA SUENA EN EL CAMPANARIO.

La campana suena en el campanario.

¿QUÉ SUENA EN EL CAMPANARIO?_____

RESUELVE LA SOPA DE LETRAS

Encuentra las 6 palabras escondidas

T	R	O	M	P	E	T	A	J	S	O
U	R	M	M	O	N	E	D	A	G	E
E	G	R	I	M	J	E	Q	A	P	Y
K	N	N	G	F	O	S	I	H	M	M
E	A	N	A	P	M	A	C	N	S	A
P	I	O	B	E	J	I	F	A	P	L
S	M	O	H	E	F	A	J	L	B	E
Y	I	L	L	A	U	E	Q	J	Q	T
P	O	V	B	H	V	Y	C	V	K	A
P	C	D	W	O	R	O	K	A	U	U
L	A	V	A	B	O	T	O	I	P	T

LEE

CON LETRA MAYÚSCULA, CURSIVA Y DE IMPRENTA

ESPONJA

esponja

esponja

ABEJA

abeja

abeja

NARANJA

naranja

naranja

JIRAFA

jirafa

jirafa

JUGUETE

juguete

juguete

OREJA

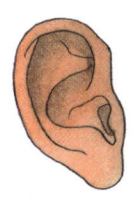

oreja

oreja

TRISÍLABOS 8

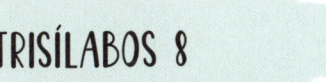

MEMORIZA

SI PUEDES, BUSCA UNA PAREJA CON LA QUE JUGAR

MEMORIZA EL ORDEN DE LOS DIBUJOS

MEMORIZA EL ORDEN DE LAS PALABRAS

JUGUETE   ESPONJA   NARANJA

CIERRA LOS OJOS Y DIBUJA CON EL DEDO LA PALABRA

OREJA

CIERRA LOS OJOS Y DELETREA LA PALABRA

ABEJA

CIERRA LOS OJOS Y DELETREA AL REVÉS LA PALABRA

JUGUETE

PINTA

LAS LETRAS QUE **NO** FORMAN PARTE
DE LAS PALABRAS Y ORDÉNALAS

 S · O · A · T · E · N · G · J · P

_____

 J · V · A · E · F · B · F · D · A

_____

 A · J · N · U · R · N · G · A · A

_____

 A · G · I · H · F · M · R · J · A

_____

 E · U · U · H · Y · E · G · J · T

_____

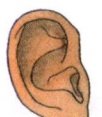 J · H · R · B · E · V · A · P · O

_____

 # LEE

Y MARCA LA PALABRA CORRECTA

ESPONJA	
JIRAFA	
JUGUETE	

OREJA
OVEJA
ABEJA

NARANJA
JIRAFA
OREJA

JIRAFA
CHAQUETA
ESPONJA

ABEJA
JIRAFA
JUGUETE

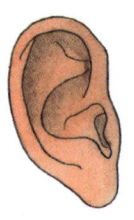

RELOJ
OREJA
JUGUETE

¡ENCUENTRA A LAS INTRUSAS!

✔ MARCA LAS PALABRAS QUE **NO** QUIERAN DECIR NADA

esponja

jirafa   vajeo

oreja   ABEJA   jirafa

JEOVA   NARANJA

juguete

jirafa   RAFIJA

najarna   jorea

pantapo

COMPLETA

CON LAS LETRAS QUE FALTAN

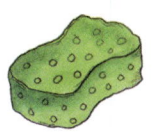 E __ P __ NJA

 __ ARAN __ A

 J __ G __ ETE

 A __ EJ __

 J __ RA __ A

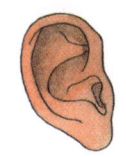 __ RE __ A

COPIA

LA PALABRA ENTERA

ESPONJA _____   esponja _____

ABEJA _____   abeja _____

NARANJA _____   naranja _____

JIRAFA _____   jirafa _____

JUGUETE _____   juguete _____

OREJA _____   oreja _____

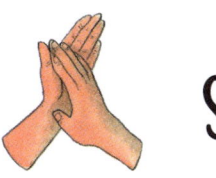

SILABEA

ESTAS PALABRAS TIENEN TRES SÍLABAS, SEPÁRALAS

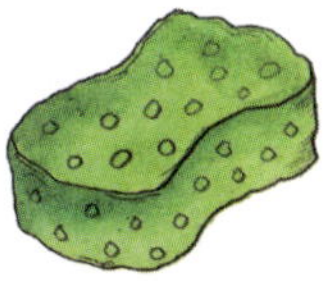

ESPONJA		
ES	PON	JA

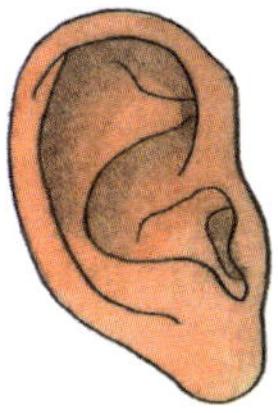

ESCRIBE

LA PALABRA ENTERA Y EL ARTÍCULO (el, la, los, las)

LA ESPONJA

_____

_____

_____

_____

_____

COPIA Y DIBUJA
LA PALABRA ENTERA

LA ESPONJA

LA ABEJA

LA NARANJA

LA JIRAFA

EL JUGUETE

LA OREJA

✔ LEE Y CONTESTA SÍ O NO ✗

ES UNA ABEJA

ES UNA OREJA

ES UNA JIRAFA

ES UN JUGUETE

ES UN JUGUETE

ES UNA NARANJA

 RODEA LA RESPUESTA

¿CUÁNTAS FRASES ESTABAN MAL?

1   2   3   4   5   6

LAS FRASES SE HAN HECHO UN LÍO

ORDÉNALAS Y CÓPIALAS

| NARANJA. | ZUMO | ES | DE |

_____

| ALTA. | ES | JIRAFA | LA |

_____

| LA | MIEL. | HACE | ABEJA |

_____

| ES | EL | MÍO. | JUGUETE |

_____

| HACE | LA | ESPONJA | BURBUJAS. |

_____

COMPRENSIÓN LECTORA

HE VISTO UNA JIRAFA EN EL ZOO.

He visto una jirafa en el zoo.

¿QUÉ ANIMAL HAS VISTO EN EL ZOO?_____

TE ESCUCHO CON LAS DOS OREJAS.

Te escucho con las dos orejas.

¿CON QUÉ TE ESCUCHO?_____

LA ABEJA HACE UNA MIEL MUY DULCE.

La abeja hace una miel muy dulce.

¿QUÉ ANIMAL HACE LA MIEL?_____

RESUELVE LA SOPA DE LETRAS

Encuentra las 6 palabras escondidas

Z	T	Z	K	U	V	Y	S	Z	B	Z
V	T	Y	Z	J	I	P	A	W	A	I
P	S	P	H	J	B	I	D	X	C	X
I	P	J	U	G	U	E	T	E	M	X
W	X	H	I	N	A	R	A	N	J	A
S	C	C	D	R	F	C	W	J	U	I
S	W	M	H	A	A	X	X	H	I	N
O	P	I	J	A	T	F	H	V	W	M
Y	H	E	H	Y	P	T	A	E	P	K
K	R	O	T	E	S	P	O	N	J	A
O	A	B	E	J	A	F	I	E	Y	T

  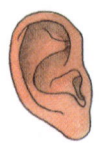